무지개는 색을 어디에 놓고 사라질까

강옥매 시집

문학의전당 시인선
0297

무지개는 색을 어디에 놓고 사라질까

강옥매 시집

문학의전당

시인의 말

행랑채 처마 아래
가지런히 쌓아놓은 장작더미의 결속

툇마루 항아리에 꽂혀 있는
노란 들국화와 반닫이의 고요함

싸리 빗자루가 쓸어놓은 마당의
물결무늬

어릴 적 울타리 너머 보던 큰집의 풍경이다

그 여백과 고즈넉함은 아직도 유효하다

2018년 10월
강옥매

차례 시인의 말

제1부

시작(詩作) 13
거미 14
바람개비 15
분실물 16
무릎 18
맨드라미 19
투명 방음벽 20
할미꽃 22
여름장사 23
잔설에게 답장하다 24
오솔길 26
DMZ 철조망에서 27
산마루에 걸터앉아 28
봄은 더디게 30
유언 31
기다림 32

제2부

비의 독서　35
응시(凝視)　36
풍금 소리　38
상강(霜降)　39
당신께 남기고 온 색　40
가장(家長)　42
어떤 풍경　43
일출　44
목련꽃 1　46
목련꽃 2　47
가을비　48
봄　50
벼락 맞은 갈참나무　51
당신이 떠오를 때　52
눈이 시리다　53
된장국 냄새　54

제3부

회한　57
한식(寒食)　58
두꺼운 말씀　59
굴뚝 연기　60
연꽃 축제　62
눈꽃나무　63
현등사에 다녀와서　64
장마의 댓글　65
유채꽃의 말　66
백일홍 선생님　68
문　69
물결은 잔잔했다　70
여름의 집　72
겨울 솟대　73
흔들림에 대하여　74
사진 전시회　76

제4부

신문의 결근 사유서 79

열변 80

봄비에게 말하다 82

고난도 수학문제 83

여름살이 84

내비게이션 86

꽃다발의 힘줄 87

갓김치 88

바닥이 쿵, 하고 말하다 90

노을 91

말[言]이 춤추는 주막에서 92

벚꽃 축제 94

방생 95

당신의 색 96

어머니의 집 98

수묵화를 그리다 100

해설 | 가깝고도 먼 '세계'의 말들 101
| 고영(시인)

제1부

시작(詩作)

생각을 펼쳤다

멀게 느껴지던 별이 내 곁으로 다가왔다

분화구에 씨앗 하나 심고
매일 밤 물을 주었다

거미

너는 흔들리는 해먹에 앉아 골몰한다
네가 뱉은 말들이 사금파리처럼 깨진다

바람은 어디서 불어오고
구름은 어디로 흘러가는가
느티나무 가지에 걸린
바람과 구름이 퍼덕거리고 있다
지금은 햇볕의 탄력이 말을 당기는 시간

늙은 어부가 그물을 던져놓고 기다리는 것처럼
첫 비행을 앞둔 매의 두근거림처럼
나도 해먹에 몸을 뉘이고
네가 오길 기다린다

똘똘 뭉친 말들의 식욕이
햇살 속에 탱탱하게 부풀어 오른다
어떤 각오가 파동처럼 몰려온다

바람개비

당신을 향한 마음을 내려놓았다
더 덜어낼 것 없이 가벼워졌다고 믿었다

허나,
당신의 작은 울음에도 흔들렸다
당신이 등졌을 때 경기 난 듯 흔들렸다
견고한 무관심에 서 있던 밤 몸서리칠수록 돌았다
돌지 않고서는 미치는 줄 알았다

이제는 돌아섰다고 믿었는데
중심만 잡으면 세상 앞에 부끄러울 것 없다고 배웠는데
심장을 관통한 못 하나에 꿈쩍 못하고
사정없이 돌고 또 돌았다
다시는 돌지 않겠다고 맹세도 했다

바람 한 점 없는 밤
녹슨 못에 기대고 있는 나를 보았다

분실물

동네 공원에서 돋보기를 흘려버렸다
울타리는 가깝고 기억은 멀어 찾기가 아득했다
책은 답답해졌고 까막눈이 되었다

한 달쯤 지나 울타리에 걸려 있는 돋보기,
내가 가끔 앉아 있던 곳에서 소나무
그늘을 비추고 있다
누가 걸어놓았는지 잃은 곳에서
좀 떨어진 곳이다

빈 시간을 털어낸 뒤
얼굴 자국에 대어보니 풍경이
뚜렷하게 다가왔다
이슬이 지나간 길과 바람이 머물다 간
흔적이 보였다
잊힌 온기가 싸하게 전해왔다
마음자리까지 읽는 것 같아 움찔했다

잃어버린 시력을 찾은 뒤
그늘에 가져다 놓은 누군가의 마음이
따뜻하게 읽혔다

무릎

민석이 할아버지 골목에 앉아
오고 가는 무릎과 눈 마주치고 있다
회색 양복을 입은 아저씨의 무릎보다
세발자전거 페달을 밟는 작고 동그란 무릎보다
주름이 깊고 헐렁한 무릎에 눈길이 더 오래 간다
무릎은 오래 걸어온 발자국을 닮는다
움푹 패인 길을 걸어온 무릎은
정수리를 내리쬐는 해 한번 올려다보고
쓴 입 안을 훑으며 개처럼 혓바닥을
슬며시 발아래 내려놓기도 한다

저녁의 무릎들이 뉘엿뉘엿 들어온다

어딘가를 잘못 디딘 표정들
둥근 무릎이 검정봉다리에 매달려 오고
그 뒤로 발자국 하나가 떨어져 걸어온다
때로 늙은 무릎은 빛나기도 하여서
세상의 무릎들을 비추고 또 비춘다

맨드라미

날렵한 말들이 담장을 들이받고 눈물처럼 떨어진다

담장 밑에 서서 그 말들을 받아먹고 어깨를 움츠렸다

갱년기의 얼굴은 한밤중부터 붉어지기 시작했다

뾰족한 말들로 귀가 서럽던* 날도 있다

수많은 귀들이 다닥다닥 붙어서 지탱하는 다리가 힘겨웠다

뺨까지 붉어질 대로 붉어진 늦은 오후

말들에게 찔린 벌건 귀가 수두룩 피어났다

하루가 짧았다

―――――

*이대흠 시, 「귀가 서럽다」 인용.

투명 방음벽

비밀스럽게 속마음을 꺼내 보여준 그

주먹을 쥘 때마다 핏줄이 올라와
푸른 혈관이 꿈틀거렸다
울화를 삭히고 한숨에 자기를 들어낸 채 월말을 넘겼다

꺼드럭거림 한번 부리지 못한 채 고꾸라져
사업장을 놔두고 도주하려고 했던 날,
나쁜 생각으로 차를 몰고 나섰다가
남은 가족이 떠올라 돌아섰다고도 했다

목련이 막 터지기 시작한 날
차를 세우고 한참 울다 올려보고서야
아프지 않은 척,
괜찮은 척 하얀 용솟음을 보았다고 했다
검은 가지에서 피어오른 의지를 보고 난 뒤
징징거리지 않는 마음으로 살아야겠다는
다짐을 했다고 한다

내 몸 성한 것이
가난한 그 앞에 죄가 되었다

할미꽃

코사지 바느질이 촘촘하네

비로드 옷감 자투리로 만들어내더니
누워서도 바느질을 하시네

천 쪼가리로 조각보 만들어내던 할머니
올봄에도 한 땀 한 땀 깁은 것이 피었네

손끝이 느려 일 년을 깁는 데도 딱 한 송이네

가신 무덤 곁에 빨갛게 등 하나 밝혔네

여름장사

터줏대감이 된 버즘나무가 난전을 펼쳤다

늘어진 팔을 흔들며 태양에서 대출을 받는다 펼쳐주는 그늘은 신용이다 원금은 바람으로 갚겠다고 허공에 서명한다 어깨를 까치에게 내주고 뿌리는 개미에게 내주었다 바람이 돌아가는 밑동은 길손에게 내주었다 203호 할머니가 징징대는 손자를 업고 들어왔다 손자의 엉덩이를 쓰다듬으며 자장가를 부른다 노랫가락이 오늘 마수다 잠들지 못했던 열대야도 이 장사꾼 아래에선 편안해진다 받는 것 없이 주는 것이 더 도탑다 밑지고 판다는 말을 여름 내내 믿기로 했다 퇴근길에 가끔 동쪽으로 진열해놓은 그늘을 보았다

잔설에게 답장하다

하늘이 산에게, 골짜기가 강에게 보낸
부드럽고 차가운 언어를 모릅니다

나에게 보낸 것 같은 저 곱고 눈부신 문장을
한 행도 한 낱말도 읽지 못했습니다

조금 더 다가가 상처가 되었던 제 귀를 씻어야겠습니다
거품처럼 부풀어 오른 말을 이제라도 경청해야겠습니다

얼음처럼 투명한 문자들을 골라
두 눈 가득 담아와 밤새 답장을 써야겠습니다

당신에게 보낼 언어들이 천천히 녹을라치면
계곡을 떠돌던 바람도 봉투에 담아 같이 보내겠습니다

겨우내 당신이 남겼던 말이 되살아날 무렵
 답장은 기역으로 니은으로 혹은 이응으로 스르르 가고 있
겠지요

발밑까지 날아갈 테지요

기다리지 않을게요
다만,
이 골짜기가 파랗게 살아나면 당신에게 당도했을 거라 믿겠습니다

오솔길

어머니가 베틀로 짠 두 뼘 폭 무명
으깬 풋감을 물들여 뒷산 장대에 널어놓았다

산을 감싼 무명이 곧았다 휘어지고 이어진다

환해지고 길이가 아득하다

펼쳤던 길은 밤이면 밟히고 다져졌다

감물로 만든 긴 길
어머니의 손바닥 지문이 닳아 없어지는 것도 모른 채
길 끝에서 나는 산딸기와 오디를 따 먹었다

DMZ 철조망에서

수세미처럼 엉켜 있는
하루가 바람 앞에 서 있다

구겨질 대로 구겨진,
내 걸음으로 걸어도 일 년이 짧다

경계를 알리던 몸체와 날카롭게 세웠던 발톱
해가 지고 해가 뜨는 바다에 내몰려 푸석해졌다

동해보다 긴 경계선
녹을 쓰고 있는 뾰족한 날들이 말한다
접근금지
이쪽과 저쪽은 아무도 지키지 않는다

헐거워진 듯하나 더 탄탄해진 당신의 가슴에도
잊고 있던 통증이 또 들어갔다

산마루에 걸터앉아

한 남자의 40년이 도시를 떠나
대흥리 비닐하우스 농막에 내려앉는다

앞문으로는 나지막한 산이
하루를 십 년처럼 품고 있고
뒷문으로는 두릅나무가
한 계절을 끌어당긴다

남자가 내려앉은 비탈밭은
쉬엄쉬엄 그늘지고
감자꽃은 꽃봉오리를 열다 말고
속으로 들어간다

농막은 제 스스로 상을 차린다
삶은 감자와 상추와 풋고추 오이가
우리 부부의 군침을 돌게 한다

잘 차려진 하우스 지붕으로

소나기 한차례 지나가는데
남편의 손이 슬그머니 내 손을 잡는다

우리도 도시를 떠날 때가 됐나보다
남자가 갈아탄 국도가 부러운 날

봄은 더디게

출근 시간이 한참 지난 뒤
편의점 탁자에 앉아 있는 중년의 남자
반쯤 감긴 눈으로 허공을 바라보며
담배 연기를 뿜는다
한숨 섞인 연기가 멀리 못 가고 가라앉는다

비운 술병과 빈 라면 용기가 바람에 들썩인다

덜덜 떨며 움츠린 어깨를 바람 사이에서 빼낸다

슬리퍼만 신은 맨발에 담뱃재가 앉아도 미동 없는 남자
지구라도 삼킬 듯 느리게 벌어진 입
하품을 타고 술 냄새와 담배 냄새가 올라온다

아직 개화하지 못한 목련 봉오리가 내려다본다

유언

화단을 독차지하고 서 있는 기둥 하나
가슴에 난 상처가 도드라졌다
숨겼던 나이도 다 드러났다

허공을 향해 뻗었던 가지와
땅을 꽉 잡았던 뿌리를 놔버리고서야 다시 살고 있다

죽어서도 눕지 못하고 있다
모두를 대신해 조용히 말하고 있다
'출입금지'

죽어서도 다가오지 못하게 하는
죽지 못한 길이 있다

기다림

열흘 남짓 베틀에 앉았던 엄마가 삼베 팔러 나간 동안
쓸고 닦아도 끝이 안 보이는 집안일은 제 몫입니다
길러둔 물이 표시가 안 나 몇 번이고 나섭니다

보름이 돼도 오지 않는 엄마
엄마가 우물 속에 어른거립니다
두레를 우물 속에 넣습니다
얼굴을 두레박에 담습니다
오늘따라 우물이 깊고 더 무겁습니다
두레박이 끊어지도록 엄마를 길어 올립니다
자꾸 퍼내도 엄마는 올 생각이 없나 봅니다

물동이를 이고 집으로 갑니다
출렁거린 물이 얼굴을 적시고 눈을 적십니다
볼을 타고 내린 물에서 짠맛이 납니다
나비가 팔랑팔랑 앞장서 갑니다

제2부

비의 독서

비가 꼿꼿한 자세로 밤새도록 책을 읽는다
일 년치를 한꺼번에 다 읽으려는지
페이지의 분량들이 출렁댄다

메타세쿼이아 나무가 써놓은
잔잔한 잎들의 문장을 사그락사그락 읽고
잣나무가 펼쳐놓은 문장도 줄줄 읽어 내린다
먼저 내린 친구의 등을 토닥거리며
지붕 위의 글자들도 읽고 있다

혹시 놓쳐버린 단어가 있지는 않을까
나뭇잎 뒷면까지도 샅샅이 읽고 있다

그칠 줄 모르는 독서가
내 불면의 밤들을 쓸어내리고 있다

응시(凝視)

눈 덮인 언덕에 붉은 눈들이 있다
곤줄박이에게 반쯤 먹혀도 빛을 잃지 않았다

어디를 바라보기에 저리도 주름졌을까

한곳이 뚫어지도록 바라보던
슬픈 눈을 본 적 있다

아들 내외 손에 끌려 요양원으로 간 옆집 할머니
현관문을 잡고 버티던 손이 풀리고
싫다는 내색도 못한 채 깊게 흔들리던 눈시울
말을 잃어버린 시선은 다다르지 못하고 붉기만 했다

내 지문도 점점 얇아지고 있는데
감식이 안 되는 날이 오면 어느 길목을 헤맬까

한 시절을 이겨낸 빛으로 달린 산수유 몇 개
겨울을 이겨낼 산새의 요긴한 양식으로 남겨놓고

노랗게 물들 봄이 오길 바랐다

한낮을 울리고 간 붉은빛이 하늘에 오래 머물렀다

풍금 소리

운동장에서 교실로 날아드는 노랑나비 떼

교장 선생님이 아빠인 동엽이는 날개 달린 듯
복도에서 주르르 양말 미끄럼을 탄다

맨 먼저 날아든 동엽이는
고른 치아 같은 건반 위에 섬집 아이 노래로
봄소식 들려준다

아지랑이가 연주도 되기 전에
꽃가루가 잔뜩 묻은 복자는 날갯짓하며 노래 부른다

하얀 주름치마 나비 한 마리가 버드나무 가지로
지휘를 하고 있다

나비들이 풍금 소리에 일제히
유채꽃밭으로 날아가는 봄날

상강(霜降)
―강서분 여사

땅 그림자를 따라가는 걸음이 급하다

조막만 한 텃밭으로 가는 육순 넘은 관절이 뒷걸음질한다

깍지를 가득 채운 팥, 콩들이 터지려고 한다

오늘 고추는 석양을 닮았다

고랑 사이를 메운 공기도 후끈하다

한 해를 햇살과 싸워 이긴다는 것은 눈물겹다

일은 태산인데 바빠진 하루가 해바라기 무릎에 걸렸다

이모작 마늘처럼 몸이 자꾸 갈라진다

상강이다

당신께 남기고 온 색
―폭설 오는 날

무지개는 색을 어디에 놓고 사라질까

빨강 목도리와 털장갑 끼고
당신과 같은 모자를 쓰고 걷던 길 위일까
빈 공원의 벤치 아래일까
어쩌면 집으로 돌아오던 전철 안일까

곁에 있어도 읽을 수 없는 당신의 마음
다시 다시라고 속으로 울먹이는 동안,
무지개가 놓고 간 빛깔처럼 집으로 향하는 동안
조급한 내 등은 안절부절못했다
당신 걸음 뒤에서 잃어버린 내 눈빛은 붉은 겨울을 닮았다

잡아두고 싶다고 말하기 전에 떠나버린 무지개처럼
당신 발자국을 눈은 급히 덮었다
그리움이 눈발처럼 엉키고 세상이 흑백일지라도
루머와 파문 사이에 다시 태어나고 싶다
아니,

붉게 변한 손으로 옷자락이라도 쥐고 싶다

잃어버린 장갑이 돌아오는 기적처럼
내가 당신을 사랑한 건 무슨 색이었을까

가장(家長)

고장 난 기타 한 대
골목 모퉁이에 버려져 있다

하나 남은 기타 줄 느슨해져 있고
몸뚱이는 흘러간 유행가처럼 바래졌다

남겨진 줄만으로는 더 노래할 수 없듯이
울 수 없는 울음만 빈 가슴에 담겨 있다

바람이 지나가도 부를 수 없는 노래
울지 못한 마음만 골목을 지키며
온몸으로 조율하던 어제를 기억하고 있다

어떤 풍경

화폭에 가을을 담고 있는 중년의 한 남자
남루한 모자로 얼굴을 가리고
밤나무 하나를 옮기고 있다

종일 붓질을 해도 옮겨지지 않는 가을이
밤송이만큼 따끔하다

성에 차지 않은 남자
기어이 가지를 붙잡고 흔든다

밤나무 사이로 지나가는 바람이 남자를 흔든다
나뭇가지는 뿌드득 마른기침을 한다

툭,
밤 한 톨
화폭에 박힌다

일출

당신은 이제 나만 생각한다고 믿겠습니다

그것이 나를 위한 길이라고 생각합니다

당신은 지난밤 잠도 자지 않고 땔감만 준비했나 봅니다

수탉도 울기 전에 장작불을 지피기 시작했나 봅니다

핑계 삼아 흘리는 눈물도 흘리지 않게
매캐한 연기는 다 날려 보냈나 봅니다

이제 고운 숯불만 타고 있네요

명치끝에 붙어 있던 얼음덩어리 녹이려고
당신은 뜨거운 불빛 내게 온통 쪼이고 있네요

눈이 부십니다

어색하지만 그 눈빛 마주치기 위해
눈시울이 붉어져도 피하지 않으렵니다

목련꽃 1

담벼락에 기대 손을 모아 내밀었다

안에 작고 노란 등 하나가 켜져 있다

골목이 환해졌다

집 앞에서 등 하나 들고 기다리던 엄마

목련꽃 2

지난겨울 나풀나풀 내려준 눈가루를 내 몸에 꾹 저장해두었다

지난 봄비에 가루를 쫀득하게 반죽했다

달그림자로 간을 맞추고 해의 걸음으로 곱게 곱게 빚었다

꽃샘추위에 굳을까봐 몸을 곧장 추스르고 돋아난 소름을 탈탈 털어냈다

봄볕에 달구어진 나뭇가지마다 하얀 부꾸미 푹 쪄놓았다

너를 위하여

가을비

저도 가끔 그럴 때가 있었습니다
이렇게 소리 없이 흘러내릴 때가 있었습니다
당신이 무척 궁금합니다
아직도 그렇게 한 계절 안에만 틀어박혀
나오지 않으려고 합니까

당신을 풀어놓고 당신의 이름을 지운 뒤에도
남아 있는 눈물이 있나요
눈가가 젖어 하늘이 보이지 않을 때
이제 그만 저와 함께 걸어보시죠
저 불타는 잎들을 함께 태워버리지요

뚝뚝 흐르던 눈물 그치고
저 들판 황금 벼가 고개 숙이는 것을
읽지 않으렵니까

저는 오늘도 울고 싶어 이렇게 추적거리고 있습니다
당신의 귀에는 이 울음 들리지 않습니까

당신의 슬픔만이 진한 줄 아십니까
저 이름 없는 것들도 모두 눈물 흘리고 있습니다

봄

간판의 글자들이
그녀에게는 모두 어둠이었다

오십쯤에 무지했다는 내 말에
더욱 움츠러들었다

예순이 넘은 그녀는 온몸에
연필심을 매달았다

환한 불빛을 켜려고 가지마다
자음 모음을 썼다 지웠다를 반복한다

얼어 있던 몸에서
기역 니은 꽃잎이 햇볕에 톡톡 터진다

간판을 술술 읽고 있다
그의 어깨가 활짝 피어났다

벼락 맞은 갈참나무

바람의 다리가 길어졌다
어떤 결심 끝에
마당을 어슬렁거리던 잎들도 어디론가 떠나버렸다

정맥처럼 들끓던 논도 보이지 않고
다닥다닥 붙어 있던 노을도 다 빠져나갔다
바람이 들려주는 대로 흔들리며
집시처럼 노래나 부르고 있는,

나는 이제 빈 몸이다
텃밭도 휑하다
나만 여기 남았다

옆구리에 불탄 자국이 선명한 갈참나무
허름한 가지에 빈 둥지가 빈 살림만 넉넉하게 가진 날 닮았다
또 밤이 오고
이제 나도 준비 중이다

당신이 떠오를 때

이쪽에서 저쪽으로 당신이 떠오를 때,
산 그림자 하나가 다른 산 그림자를 거느리며
그 바싹 마른 잎을 뒤척일 때,
사금파리 빛의 파편이
여기서 저기로 밀려가고 쓸려올 때,
피고 지는 그 모든 정반합이
모아지고 흩어지고 몰려가고 몰려올 때

소총을 들고 탈영한 작은 삼촌의
흔들리던 슬픔같이
마도로스를 꿈꾸었으나 등대지기로
한자리에 정박했던 사람의 고요한 눈빛같이
아침은 꽃의 중심에서 온다
이글이글 타오르며
이쪽에서 저쪽으로 당신이 떠오른다

신원미상의 몸이 저처럼 뜨거웠던 적이 있었을까
당신이 내게 수억 년 동안 걸어온 적이 있었을까

눈이 시리다

공원 산책을 하다 눈을 풀밭에 빼앗겼다

안경이 사라진 아침나절이 홀빈하고
땀방울 범벅이다

예고도 없이 떠난다는 것
헛것이 보일 때까지 바라보는 것이다

가마솥더위를 딛고서 훤한 길을 훑고 또 훑어도
인연은 풀숲에 숨었는지 나타나지 않는다

순간 바람이 훅 불어오다 멈추어 섰다

이렇게 끈은 이어졌다 끊어지기도 해
서로 새로운 인연에 슬며시 마음 내려놓지만
헤어졌던 그곳에서 붉어진
눈이 떼어지지 않는다

된장국 냄새

방문을 꼭 닫고 있는데
그가 들어온다

입맛도 밥맛도 없이
솜처럼 처져 누웠는데
문을 여는 소리도 없이
들어온다

힘센 그가
입을 달싹거리고 코를 벌름거리게 한다
침대를 한 바퀴 돌더니
억센 팔뚝으로 나를 일으켜 세운다
까실거리던 입 안에 침이 고인다

생기가 돈다
그가 실낱같은 문틈으로 거세게
들어온 날

제3부

회한

죽은 등나무 덩굴이 학교 울타리를 감고 있다
불길같이 올라가던 등나무의 밑동을 누군가가 잘라버렸다
등나무는 바싹 마른 손으로 울타리를 꽉 잡은 채
학교 안을 들여다보고 있다

할아버지에게 책 보따리를 빼앗기고
살아생전 초등학교 앞을 서성거렸다는 어머니는
저 등나무였을까

한글을 깨치지 못해
죽어서도 울타리를 한 아름 끌어안고 있다
나는 자꾸 뒤를 돌아다본다
어머니의 끊어진 뿌리처럼

한식(寒食)

1.

고사리 도라지 밤 대추를 채반에 차곡차곡 담았다 정선 산기슭 청정수를 먹고 자랐다는 나물 알래스카 파도를 이겨낸 놈만 잡아 왔다는 씨알 굵은 동태 크고 두툼한 제주산만 고집하는 남편 탓에 옥돔과 백조기는 부러 골라 담았다 돈을 빼는 동안 지갑에 한숨만 쌓였다

2.

홍동백서 조율이시 좌포우혜 조상을 부르는 초와 향이 흘림체로 올라갔다 공들여 쓴 지방이 잘 타오르면 복이 든다는 말을 믿기로 했다

3.

걸음과 숨까지 고르게 한다 퇴주잔에 끊을 수 없는 끈들이 담겼다 살아있는 사람의 마음이 백지처럼 가벼워야 하는 날 당신들을 위한 것이 두렵지 않은 것은 오묘한 비밀 제(祭)는 나를 투명하게 하는 그런 고백

두꺼운 말씀
―은행잎 쌓인 길

평생 통증을 읽으신 어머니
은행나무 베틀로 짧은 하루를 짜내곤 했다
왔다갔다 북처럼 씨줄 날줄로 길을 메운다

내려오던 글자들이
휘청거리면서도 옆길로 새지 않고
길 위에 촘촘하게 쓰인다

입고 가신 누런 수의는
당신이 쓰신 한 권의 책,
구부정하게 걸어왔던 길한테
두꺼운 말씀을 수북이 남기고 있다

굴뚝 연기

지난밤의 소문은 나도 잘 모르는 일이다
네가 내 몸의 어디서 나와 어디로 흘러갔는지

내가 아침부터 저녁까지 피어오르는 것은
귀가 살아있기 때문이다

너의 젊음이 부러지지 않았기에
세상은 쫀득쫀득 씹히는 맛이 있는 것이다

나는 낮을 전하는 기자이다
뭉실한 소문을 퍼트리는 주파수이다

아직 마르지 않은 청솔가지의 매캐한 냄새를
숨길 수 없는 것은 나와 너 사이
빛과 바람의 수다가 있기 때문이다

장작 같은 근육질의 남자와
자작거리며 타는 것도 숨길 수 없다

발설한다고 나무라지 마라
네가 꿈틀거리고 있다는 것이다

연꽃 축제

절 입구에 들어서자 연꽃은 보이지 않고
청사초롱만 수백 개 달려 있다

연밭 속세의 테두리에 갇혀 있다

연꽃 구경 왔다가 청사초롱만 보니
눈이 피곤하다

연꽃만 잘 팔린다

눈꽃나무
―어느 노숙자의 죽음

말들을 모두 털어냈습니다

알몸이 그다지 부끄럽지는 않습니다

취한 자들의 고백을 들으며

밤을 꼬박 새기도 했습니다

너무 춥습니다

하늘이 솜을 내려줍니다

시킨 대로 묵묵히 껴입습니다

몸이 따뜻해져옵니다

지나가는 사람들이 모두 나를 쳐다봅니다

현등사에 다녀와서

흙이 납작 엎드려 있다
길은 폴폴거리는 마음을 주저앉히고
입을 꼭 다물고 있다

소나무는 소리로 사는지
귀와 눈이 하늘에 닿았고
큰사람처럼 귓불이 넓어서
말씀을 디뎌 오르고 있다

깊은 가을날의 날개가 내게 내려왔다
나를 내뱉고 마시고 풀풀 빼냈다
절간의 공양도 시간이 지나면 공염불이다

하나의 등을 밝히는 것은
나를 보이려 하는 것이 아니다
무거운 내 어깨를 달아주는 것이다

장마의 댓글

이번에는 쉽게 흐느끼고 싶지 않습니다
얼굴도 찡그려보고
우중충하게 인상도 써보고
후텁지근 열을 채워보고
누가 먼저 시비를 거는지 지켜보렵니다

학자금 대출 갚으라는 통지서가 날아들고
수신자의 전화기에는 로봇 같은 음성만 들려와
답답함이 살갗을 찌른다나요

은행으로 뛰어가
두 달 남은 적금을 당장 해약해버리고
지나가는 아낙을 아무 이유 없이
해코지해 버리고 싶었다나요

이러나 저러나 또 내가 죄인이네요

유채꽃의 말

가까이 오지 마세요

화장이 제대로 먹지 않았어요

먼 곳에서 부는 바람으로 보아야 해요

관심 있는 척 허리 구부리고 오지 말아요

내 작은 눈을 보면 민망할 거예요

그래도 내 눈과 마주쳐 봐요

찰칵거리는 소리로는 나를 읽을 수가 없어요

한 발짝 떨어져 있고 싶은 때도 있어요

가까이 있으면 함께 흔들리는 것을 볼 수가 없어요

바람으로 느껴보세요

노란 도화지가 될 거예요

도화지가 클수록 나를 오래 품을 수가 있을 거예요

백일홍 선생님

정년퇴직 후
소일거리로 화단을 가꾸시는 할아버지
새로 부임한 선생님 같다

빨강 주황 노랑 백일홍으로
울타리와 울타리 사이를 가득 메운다

백일홍 선생님 오시고부터
꽃을 잘 읽는 바람이
제 몸을 곱게 펴서 여름 칠판에 적고 있다

문

얌전히 닫혀 있는 창고 문
나뭇결무늬가 더욱 가지런하다
햇볕을 먹으면서 더 온화해진 얼굴

선풍기 텐트 곰솥 잊어버린 기억들까지
좁고 어두운 공간에서 숨을 쉬고 있다
내뱉은 숨소리까지 문이 맡고 있다

새로 결성된 마을 협동조합
어떤 이는 녹슨 미닫이문처럼
말문을 닫고 있다
일곱 명의 귀와 입은 제각각이다

굳게 닫혀 있는 창고 문처럼
입 안에서 우글거리는 것들을
먼저 삼켜야 말문이 열릴 것이다

물결은 잔잔했다

백만의 촛불이 밀물로 참방거린다

초등학교도 안 나왔다는 칠십 촛불이
꺼진 불을 다시 켠다
촛농이 뜨겁다

촛불들이 일제히 할머니 할머니라고 외친다

작은 촛불 하나가 불을 밝힌다
알지 못한 구석까지 환하다

촛불이 덜덜 떨고 있다
촛농이 주르르 흘러내리고
백만의 심지가 심장처럼 타고 있다

저편에는 촛불을 바라보는 순한 눈들도 있다
다른 곳을 보고 있으나 같은 눈망울이다

앉아 있던 신문에서도 촛불이 타고 있다

파랑주의보 없는 광장에서 붉은 물결이
새벽까지 일렁이고 있다

여름의 집

뙤약볕 내리쬐는 한낮
지렁이가 땅바닥으로 나와 꿈틀거리고 있다
땡볕에 흙먼지 덮어쓰고 한 발짝도
떼지 못한 채 개미떼에 뜯기고 있다
집 나온 지렁이가 위태롭다

거실 복판에 누워 여름을 달구고 있는
남편을 피해 밖으로 나와
잠시 누울 평상을 찾는다

솔바람을 잡아 벤치에 비스듬히 누워본다
잠시 눈꺼풀이 내려온다 싶었는데
모기 두어 마리가 날아와 살갗을 물어뜯는다

모기가 나를 집으로 몰아넣고 있다
뺨이며 팔다리 곳곳에 독꽃이 피었다

폭염이 수행 중이다

겨울 솟대

너를 기다린다
네가 떠난 모퉁이 그 길에서
바람이 잠들 때까지

눈이 시리다
이따금 바람이 살갗을 물어뜯어도
생채기가 나도
난 너의 오래된 눈빛을 기다린다

공중에 흔들리면서도
나를 미처 바라보지 못하는 너를 위해
눈보라가 내 몸을 흔들어도
구름조각이 홀로 지나가는 길목에서
눈을 뜨고 있다

기다리는 것은 지키는 것보다
더 오래 걸린다

흔들림에 대하여

새 건물에 일렬로 선 현수막
붉은빛 푸른빛으로 제 이력을 새겼다

탱탱한 자세에서
간간이 옆을 힐끔거리거나
고개를 쑥 내밀기도 한다

스파크가 일고
세찬 바람이 분다

부대찌개 집 한쪽 노끈이 끊어져
미용실과 한데 섞여 얼굴이 보이지 않고
옷가게 끈이 늘어져 낙지볶음 집과
한 몸이 되기도 한다

단정하게 서 있던 그들
꼿꼿한 마음 놓쳐버리고 멍하니 앉아 있다
이불을 허옇게 뒤집어쓰고

마구 휘청거린다

한쪽 귀퉁이에 매달려 있던 나도
흔들리면서 찢어진 것들 꼭 붙잡고 있다

사진 전시회

어미 새의 허기를 받아먹고 있는
부화한 새끼의 목구멍같이

독수리의 두 발에 매달린 숭어의 비늘에서
반짝이는 물방울같이

뿔을 맞대고 대치 중인
두 마리 황소의 처절한 눈알같이

순간은
어떤 기억을 펼치는 것이라는 듯
복사된 생이라는 듯

찰나가 우주를 만들고 있다

제4부

신문의 결근 사유서

내 눈과 마주치지 않았다고 투덜대지 마세요
촛불에 가슴이 데여 오늘은 방문하지 않습니다
또한 당신의 하루가 뻑뻑하고 시리다는 것을
치료해 드리기 위해서입니다
우울에 걸린 당신 위장을
오늘은 휴식이라는 소화제로 치료해 보세요
내 발자국 소리가 들리지 않는다고
궁시렁거리지 마세요
아드레날린이 오는 길을 가만히 터주세요
오늘은 당신을 위해 끝까지 두문불출입니다
하루쯤 나 같은 것 까맣게 잊어버려도 돼요
먼 산에 서 있는 나무들이나 읽으세요
연일 뜨거운 나의 몸으로는
당신의 심신을 누그러뜨리지 못해
결근계를 낸 것입니다
가을에 쟁여두었던 국화차 한 잔으로
넉넉한 눈요기를 하세요

열변

나무들이 끝없이 토론하다
가을을 기침으로 읽는다

바스락거리며 술렁거리다
퍼질러 앉아 입술을 움찔거리기도 하고
염탐하듯 이쪽까지 쫓아온다
그러는 사이 밟히고 찢겨져
말들이 사라진다

마대자루 속으로 끌려 들어가는 저 입술들
멍들고 상처투성이다
간간히 나뭇가지에 혹은
돌 틈에 붙어 있는 언어들
눈보라 몰아쳐도 잉잉거리며
입술 밖으로 터져 나올 모양이다

칼바람을 끌어안고
끝까지 그 자리에 있는 이가 있다

말들이 얼어서 하얗게 쏟아지고 있다

봄비에게 말하다

젖은 채로 내려와
젖지 않은 것은 너뿐이다

피골이 상접한 느티나무가
새에게 터를 내준 것도
큰길가 산당나무의 잔 먼지를 털어내는 것도
젖지 않는 마음 보여주고 싶기 때문이다

회색빛으로 입 닫고 있어
말 걸기 겁났던 나무 끝에
연분홍빛 전해준 것도 너다

문 잠그고 있는 흙에게도
어릴 적 고두밥처럼 누구나
먹을 수 있는 말을,
골목에게도 먼저 말을 건네는 것도
너뿐이다

고난도 수학문제

저녁 반찬으로 구운 갈치를 발라먹는다
바다를 몰랐던 남자는 자꾸 출렁거린다

호박나물 가지나물은
나중이라고 손도 대지 않는다

팔을 걷어 부친 왼팔은 하얀 물살이다
오른손은 젓가락으로 바다의 지느러미를
일자로 찍어낸다

자의 눈금 같은 뼈에 백년이 붙어 있다
한 치의 오차에 일 년이 떨어져 나간다

숫자는 가두는 것이 아니라
풀어내는 것

그가 풀어낸 갈치에서 바다 한 토막이
상 위에 올라와 있다

여름살이

나아지지 않는 도시를 버리고
시골로 내려간 여자
소일거리 돈으로 마당과 담장
주위에 씨앗을 뿌린다

봉선화 초롱꽃 나리꽃 동자꽃이
몇 해째 여름을 데리고 온다

풍뎅이 무당벌레 사마귀 알락나비가 다녀가고
꽃대에 거미가 터를 잡는다

꽃뱀과 너구리가 얼씬거릴 때면
오금이 저린다
황구가 생쥐를 물고 나타난 오후에 비하면
가끔 지나가는 이들은 이제 무섭지 않다

도시를 밀어낸 마음에 꽃이 지지 않는다
꽃들이 새로 사귄 이웃이라며

계절을 앞서 핀 꽃과 뒤쳐지면서 핀 꽃이
사람 같았다

얻어온 총각무 한 단이면 한철 반찬 걱정이
없다며 상을 차리는 그녀
무꽃을 닮아갔다

내비게이션

소백산 가는 길

물 없는 사각 어항에서

물뱀이 구불구불 기어 다닌다

산길을 환히 읽고 있다

하나밖에 없는 그 길 나도 아는데

물뱀은 어항 밖으로 나갈 수 없어

온몸을 휘감고 있다

꽃다발의 힘줄

바짓단으로 흙을 끌고 버스에
올라탄 노인
손에 구절초 한 다발 들려 있다

손끝에서 피어오른 가을 들녘이
버스 안에 가득하다

손에 약봉지를 든 채 미간을 찡그렸던
내가 머쓱해진다

노인의 입술 사이로 앞니 하나 빠진 자리에도
구절초 향기가 메우고 있다

약 냄새에 묻혀 무기력하고 허전한 날
가을 소풍 같은 추억이 스쳐간다

마음이 열리는 뒷문 사이로
나도 슬며시 따라 내린다

갓김치

김장하고 남은 갓 한 단
소금에 절였다
밑동을 싹둑 잘라 버리고 왕소금을 뿌려
한나절 이상 기다렸는데 숨이 죽지 않는다
풀 먹인 두루마기 같다
무엇에 대항하는 걸까
저 고집,
꺾기를 포기하고 버무려 담가버렸다

편식으로 고집이 센 한 남자
절대로 남의 말 들을 줄 모른다
몸에 좋다는 온갖 설명에도
눈길 한번 주지 않고
그 성질 억새풀처럼 더 칼칼해진다

이웃집 남자 남은 세월 다 살지 못하고
불현듯 떠나고 손아래 동서 세상 떠나자
언젠가부터 땅에서도 노 젖는 법 알아

그 남자 겨우 숨을 죽였다

한 보름 지나 꺼내본 갓김치
온순한 모습으로 아삭아삭 맛을 내고 있다

바닥이 쿵, 하고 말하다

네가 얻은 답이 그거였니
아무 말도 없이 일초의 망설임도 없이
뛰어내리는 것이 너의 공식이었니

쿵, 하는 네 몸의 파동에 나의 바닥은 멀쩡했고
너의 붉은 피가 흥건했지

곧 너의 바닥은 깨끗이 치워지고
지금 살아있는 이 바닥은 너의 것이 아닌 나의 것
구둣발에 밟히고 진흙에 빠지고 뾰족한 것
이 억척의 바닥이 내 바닥인 줄 몰랐니

너의 바다 때문에 나의 바다은 오랫동안 아프고
내가 아닌 여러 날을 살고 있어

나는 이렇게 아무 일도 없이 있어
거기서도 나를 어머니라 부르는 이름 지겹지도 않니

노을

나 몰래 퍼 마셨지
빨간 얼굴 들킬까봐
소나무 뒤에서 뉘엿뉘엿 망설이고 있었지
점점 더 불콰해지는 너의 얼굴
결국 나에게 들켰지

봇물처럼 터진 눈물 막느라
너의 얼굴 똑바로 쳐다볼 수 없었지
담장 밑에 쪼그려 앉아
꼬챙이로 그린 그림 손바닥으로 덮어 지웠지

네가 있는 쪽에서
하늘은 매양 붉으니

살아있다면
지금쯤 너의 하늘도 저리 붉겠지
화르르 화르르 타고 있겠지

말[言]이 춤추는 주막에서

국사발 술사발이 쩍쩍 갈라지고 있다
그러나 그의 사발은 묵묵하다

누가 누구의 마음을 도둑질했고
누가 누구의 시간을 가져갔다는 말을
그는 듣기만 한다

앞면 뒷면으로 귀를 기울였을 뿐
소문은 그의 귓바퀴를 떠나지 않는다

귀를 쫑긋 세우고 듣는 나에게
소리에 기울이기만 하라 한다

그도 나도 애초에 흙이었고
소문의 피해자였다

그러나
지금은 아주 단단해지고 중심에 둔

그의 귀를

나는 보고 있다

벚꽃 축제

사회를 보려고 연분홍빛 드레스를 만든다

어깨선에도 허리선에도 한 땀 한 땀 수를 놓는다
몽우리도 만들어 넣었다

어제는 비가 오늘은 찬바람이 벚꽃을 헤집어놓았다

앞품은 울고 뒤품은 너무 좁아
올해도 드레스가 맞지 않는다

꽃에 대해 생각해본 시절도 없이
벚나무 아래 서서 눈길을 마주쳤다

별빛 반짝이는 축제의 밤
하얗게 부서지는 꽃을 본다

어설픈 봄밤이 환하다

방생

불공을 올리고 법당을 나선 누군가의 신발이 없어졌다
법당 계단을 오르내리며 둘러보았지만 보이지 않았다
함께 불공을 드린 중생들도 입을 다물었다

신발을 잃고 길길이 뛰던 팔순 신도가
만만해 보이는 보살의 가방을 뒤져보자고 했다

서로의 가슴팍에 던진 것은 차디찬 의심
도둑은 씨가 따로 없다며 생명을 풀어주었다

탐욕을 비우자고 하던 날
버리지 못한 것은 질퍽한 눈빛

청주호에 미꾸라지를 잡아
다시 청주호에 살려주던 날
신발 한 켤레만 저만큼 방생되었다

부처님만 반쯤 뜬 눈으로 바라보았다

당신의 색

늘 같은 빛깔이지요
동쪽으로 몸을 밀라고 해 살짝 밀었지요
작은 파랑을 일으키면서요
서쪽으로 몸을 살짝 흔들어보라고 해서
흔들었지요
내 속에서는 짙은 색으로 채색되곤 했지요
그것도 잠시였죠 워낙 내 몸이 넓어 그 빛깔
뿔뿔이 흩어져버리니까요

안개 자욱한 길을 잃었을 때
누군가가 당신을 흔들어버리곤 했지요
당신은 한참이나 공중에서 홍역을 치렀지요
저한테 전염을 시켰지요
에메랄드 눈빛으로 바라보았지요
당신의 어깨에 맞추어 파랑을 높였지요

갑자기 돌풍은 무슨 일인가요
내 몸도 막 흔들리네요

바위가 부서지도록요
한 번도 불지 않은 낯선 바람으로
흔들어 주세요

어머니의 집

구순의 어머니 요양병원에 모셨다
한 평도 안 되는 침대와 작은 서랍장이
어머니 것이란다

유자나무 있는 마당도
행랑채 앞에 텃밭도 없다
쪽배가 떠 있는 바닷가와 갈매기도 사라지고
한가한 정자나무 그늘도 보이지 않는다

뒤껼 대숲의 새소리 매미 소리 대신
복도를 지나가는 구둣발 소리 들린다

서너 달 햇볕을 못 먹은 어머니 얼굴
마음까지 굶으셨는지
그늘만 우거져 있다

폭우로 무너진 옛집
담장에 기대 집이 없다며 우시던 어머니

돌아오는 길 자꾸 밟혀서
요양병원 높은 간판 뒤돌아본다

수묵화를 그리다

허리를 몇 번 구부려야 작품이 되는지,
흙을 고르고 거름을 얹고
가느다란 고추모종을 심어 지지대를 세운다

가마솥에서 고춧잎이 데쳐지는 동안
하얀 돗자리가 깊어진다

검게 데쳐진 고춧잎이 그림을 그린다
까마귀들은 날개를 활짝 펴 날아가고
암탉은 커다란 먹이를 입에 물고
아낙이 김을 매며 이마에
땀을 닦고 있는 그림이 펼쳐졌다

마당 한 가득 채색되지 않는 한 폭의 귀촌
늘 미완성일지라도
관람에 빠져 있다

해설

가깝고도 먼 '세계'의 말들

고영 시인

1.

생각을 펼쳤다

멀게 느껴지던 별이 내 곁으로 다가왔다

분화구에 씨앗 하나 심고
매일 밤 물을 주었다
—「시작(詩作)」 전문

우리는 몇 겹의 '말' 속에 살고 있을까. 나의 몸, 나의 가족과 친지들, 이 사회와 동시대인들 그리고 인류를 비롯한 모든 생명체들까지. '말'의 정의에 따라 세계는 온통 말들로 가득하다. 최소한의 '의미'와 '소통' 가능한, 이라는 꼬리표를 달았을 때, 말은 비로소 우리의 말이 된다. 그와 동시에 이 의미와 소통을 훼방하는 수많은 저항에 부딪쳐 갈라지는 것 또한 피할 수 없는 운명이라면 운명이다.

강옥매 시인은 '시작'에 대한 무한 긍정의 자세를 보여준다. "멀게 느껴지던 별이 내 곁으로 다가왔다"는 고백을 바탕으로 '말들'에 대한 편력으로 시인은 '청음(聽音)의 시학'을 펼쳐 보이고자 한다.

> 간판의 글자들이
> 그녀에게는 모두 어둠이었다
>
> 오십쯤에 무지했다는 내 말에
> 더욱 움츠려들었다
>
> 예순이 넘은 그녀는 온몸에
> 연필심을 매달았다
>
> 환한 불빛을 켜려고 가지마다
> 자음 모음을 썼다 지웠다를 반복한다

얼어 있던 몸에서

기역 니은 꽃잎이 햇볕에 톡톡 터진다

간판을 술술 읽고 있다

그의 어깨가 활짝 피어났다

—「봄」 전문

  몸의 감각은 세계로 열린 '문'이다. 그중에서 압도적인 것은 당연히 '시각'이다. '본다'는 것은 지각 작용에서 자극으로 쏟아지는 정보의 7~8할을 원활하게 수용할 수 있다. 하지만 문자는 경우가 좀 다르다. 시지각의 대상, 즉 분명히 바라봄의 대상이 되기는 하지만 그 순간 이해되지는 않는다. 모든 문자는 감각의 대상이면서 동시에 어떤 규칙(문법)에 종속된다. 다시 말해 또 다른 차원의 세계로서의 '문'이 된다.

  시인은 '봄'이라는 표제 아래 '문맹(文盲)', 즉 "간판의 글자들이/그녀에게는 모두 어둠이었"던 상황에서 "간판을 술술 읽고 있다/그의 어깨가 활짝 피어났다"라는 가독(可讀)으로의 변화를 보여준다. 무엇보다 '봄'이 '본다(see)'와 '봄(spring)'에 중의적으로 걸쳐져 있는 게 눈에 띈다. 이를 통해 "얼어 있던 몸에서/기역 니은 꽃잎이 햇볕에 톡톡 터진다"와 같은 놀라운 이미지가 생성된다. 문자의 세계로 들어선 기쁨을 개화(開花)의 환희로 바꿔 표현할 수 있게 되는 것이다. '개화'도

마찬가지로 '꽃이 피다'와 '문명화 되다(開化)'의 동음이의어라는 것도 결코 우연은 아닐 것이다.

2.

　시인에게 필요한 기본 소양은 두말할 나위 없이 '말/글'에 대한 미적 감수성일 것이다. 하지만 이것은 표현이라는 차원에서 그렇다는 것이고, 시적 대상을 발견하고 채집하는 능력은 감각, 특히 시각과 청각에 절대적으로 의지하기 마련이다. 이에 걸맞게 강옥매 시인은 '말/글'로 옮겨가기 이전의 '날것 이미지'로서의 시각적 대상을 포착한다. 또한 그 포착된 대상이 다양하고 다채롭다는 특징을 드러낸다.

> 느티나무 가지에 걸린
> 바람과 구름이 퍼덕거리고 있다
> 지금은 햇볕의 탄력이 말을 당기는 시간
>
> 늙은 어부가 그물을 던져놓고 기다리는 것처럼
> 첫 비행을 앞둔 매의 두근거림처럼
> 나도 해먹에 몸을 뉘이고
> 네가 오길 기다린다
>
> 　　　　　　　　　—「거미」 부분

저녁의 무릎들이 뉘엿뉘엿 들어온다

어딘가를 잘못 디딘 표정들
둥근 무릎이 검정봉다리에 매달려 오고
그 뒤로 발자국 하나가 떨어져 걸어온다
때로 늙은 무릎은 빛나기도 하여서
세상의 무릎들을 비추고 또 비춘다

—「무릎」부분

천 쪼가리로 조각보 만들어내던 할머니
올봄에도 한 땀 한 땀 깁은 것이 피었네

손끝이 느려 일 년을 깁는 데도 딱 한 송이네

가신 무덤 곁에 빨갛게 등 하나 밝혔네

—「할미꽃」부분

'거미'는 자연물이고, '무릎'(이 작품에서 '무릎'은 신체의 일부분을 지칭하는 명사가 아니고 접히고 펴짐의 반복을 통해 낡으면서 돌출된 바지의 특정 부분을 지시한다)은 인위적 산물이고, '할미꽃'은 기억의 매개물이다. 이 간단한 인용을 통해서도 시인의 '봄'이 얼마나 다양하고 다채로운지가 그대로 드러난다. 하지만 여기서 멈추는 것이 아니라 이 작품들은 시인이 시작(詩作)을 통해 담아내고자 하는 세계의 모습을 그대로 함축하고 있다. 나아가 그의 '말/글'의 지향마저 온전하게 형상화하고 있다.

시는 '기억 그 자체'를 다루지 않는다. 일반적으로 '기억, 추억'이라 지칭하지만 명확하게 말하면 '회상된 기억'을 상기할 뿐이다. '회상'은 의식적이든 무의식적이든 현재적 욕구, 또는 필요에 의해 자극된다는 점에서 막연한 감상적 추억과는 다른 방식으로 작용한다. 시인은 '할머니' 무덤가의 붉은 '할미꽃' 한 송이를 보았다. 순간, "천 쪼가리로 조각보를 만들어내던" 생시의 할머니가 기억의 저장고에서 소환되고, 한 송이 할미꽃과 겹쳐지면서 "손끝이 느려 일 년을 깁는 데도 딱 한 송이네"라는 일련의 안타까움, 동시에 더 소중한 감정으로 변한다. '할미꽃'에서 '할머니'를 연상하는 것은 자연스럽다 못해 지극히 평범하게 느껴질 수도 있다. 하지만 이 작품은 시집의 여러 계열적 연쇄를 거느리고 있다. 가령, 「회한」에서 "할아버지에게 책 보따리를 빼앗기고/살아생전 초등학교 앞을 서성거렸다는 어머니"를 소환하는 '등나무'가 그렇다.

강옥매 시인은 모계(母系)의 어떤 전통을 형상화하면서 동시에 자신의 정체성을 확인한다. 「할미꽃」에서 할머니는 "비로드 옷감 자투리"로 촘촘한 "코사지 바느질"을 통해 '조각보'를 만들어낸다. 또한 어머니는 "평생 통증을 읽으신 어머니/은행나무 베틀로 짧은 하루를 짜내곤 했다"(「두꺼운 말씀」). 그런데 최소한 기억 속의 나는 할머니의 '조각보'와 어머니의 '무명천'의 의미를 제대로 간파하지 못한다. 그것이 "감물로 만든 긴 길/어머니의 손바닥 지문이 닳아 없어지는 것도 모른 채/길 끝에서 나는 산딸기와 오디를 따 먹었"(「오솔길」)을 뿐이다. 이때 어리다는 핑계는 회한의 원인이 되면서 동시에 현재의 '나'가 다르게 행동하게 하는 계기가 되기도 한다. 어머니는 "은행나무 베틀" 앞에 앉아서 하루는 하루, 일 년은 일 년, 아니 평생의 '통증'을 자신의 소리와 문법으로 읽으셨다. 그런 어머니의 영향으로 시인은 최소한의 생각을 펼치고, "분화구에 씨앗 하나 심고/매일 밤 물을"(「시작(詩作)」) 줄 수 있게 된 것이다. 짜고 깁는다는 것은 시작(詩作)도 매일반이다. "하늘 아래 새로운 것은 없다"는 고정관념을 버리고 '씨줄과 날줄'을 다르게 배열하면 새로운 무늬가 생성된다. 그런 점에서 강옥매 시인은 연금술사의 손을 가졌다.

3.

회상 작용의 가치는 과거, 또는 추억을 불러일으켜서 회고적인 감상에 빠지자는 데 있지 않다. 오히려 현재 자신이 겪고 있는 위기의 본 모습을 비춰보게 하는 데 있다. 따라서 회상은 간혹 예기치 않은 방향으로 흐르기도 하는데, 그것은 이웃, 혹은 근린(近隣)에 대한 동질성을 확인하는 것이다.

눈 덮인 언덕에 붉은 눈들이 있다
곤줄박이에게 반쯤 먹혀도 빛을 잃지 않았다

어디를 바라보기에 저리도 주름졌을까

한곳이 뚫어지도록 바라보던
슬픈 눈을 본 적 있다

아들 내외 손에 끌려 요양원으로 간 옆집 할머니
현관문을 잡고 버티던 손이 풀리고
싫다는 내색도 못한 채 깊게 흔들리던 눈시울
말을 잃어버린 시선은 다다르지 못하고 붉기만 했다

내 지문도 점점 얇아지고 있는데
감식이 안 되는 날이 오면 어느 길목을 헤맬까

한 시절을 이겨낸 빛으로 달린 산수유 몇 개
겨울을 이겨낼 산새의 요긴한 양식으로 남겨놓고
노랗게 물들 봄이 오길 바랐다

한낮을 울리고 간 붉은빛이 하늘에 오래 머물렀다
　　　　　　　　　　　　　　　　　—「응시(凝視)」 전문

　이 작품은 "눈 덮인 언덕에 붉은 눈들이 있다"는 낯선 이미지로 시작한다. 이 "붉은 눈"은 '산수유'를 비유한 것이고 "눈 덮인 언덕"과 결합해서, 즉 '붉음과 둥긂'이 앞 단원에서 살펴본 「할미꽃」과 유사성으로 겹친다. 할머니에 대한 오롯한 추억이 없다면 "아들 손에 끌려 요양원으로 간 옆집 할머니"는 고령화 사회에서 흔히 일어나는 사건일 뿐, 즉 지극히 타인인 남의 일일 뿐 나에게 아무런 소회도 불러일으키지 못한다. 하지만 시인은 "말을 잃어버린 시선은 다다르지 못하고 붉기만 했다"는 표현을 통해 '옆집 할머니'의 심중을 읽어낼 수 있음을 간접적으로 시사한다. 나아가 이런 사건의 목격은 곧 나의 체험으로 현실화한다. "서너 달 햇볕을 못 먹은 어머니 얼굴/마음까지 굽으셨는지/그늘만 우거져 있"(「어머니의 집」)음을 본다. 사정은 별반 다르지 않을 것이다. 자세한 정황은 알 수 없지만, 시인도 "구순의 어머니를 요양병원에 모셨다" 그리고 "뒤곁 대숲의 새소리 매미 소리 대신/복도를 지나가는 구둣발 소리"에 어머니가 마음까지 굽으실까봐 걱정한다. 이처럼 세상일은 다 큰 틀에서 맥락과 관계로 서로 얽혀 있음을 시인은 시인한다. 나아가 "내 지문도 점점 얇아지고 있는데/감식이 안 되는 날이" 올 것 또한 예감한다.

시각의 확장은 대상들은 다양화한다는 것 말고도 필연적으로 작품의 깊이를 더한다는 점에서 바람직한 자세이다. 「무릎」에서 아침에 바삐 출근했다 뉘엿뉘엿 들어오는 "저녁의 무릎들"을 세심하게 살피던 시선이 골목에 앉은 "민석이 할아버지"에게로 향하는 것은 시인의 연민 탓이다. 그러나 이를 묵묵히 관찰하는 시인의 눈(시각)이 없었다면, "민석이 할아버지"가 세상에 보여주고자 하는 "세상의 무릎들" 또한 순간이라는 시간의 힘을 이겨내지 못했을 것이다. 이와 같은 작품으로 시인은 "골목 모퉁이에 버려져 있"는 "고장 난 기타 한 대"를 통해 가장(家長)의 무거운 삶을 비유한다. "남겨진 줄만으로는 더 노래할 수 없듯이/울 수 없는 울음만 빈 가슴에 담겨 있다"고 감정이입할 수 있지만, 한 걸음 더 나아가 "출근 시간이 한참 지난 뒤/편의점 탁자에 앉아 있는 중년의 남자/반쯤 감긴 눈으로 허공을 바라보며/담배 연기를 뿜는다"(「봄은 더디게」)는 사실 묘사를 통해서도 그 무게를 형상화한다.

이 '파동(波動)'은 가깝기 때문에 좁은 동심원을 뛰어넘고 다시 뛰어넘어 미지의 수면 위로 퍼져나간다. '어느 노숙자의 죽음'이라는 부제를 가지고 있는 「눈꽃나무」에서 노숙자를 바라보는 사회의 시선을 다룬다든지, 「바닥이 쿵, 하고 말하다」의 너무 쉽게 목숨을 버리는 세태, 나아가 「물결은 잔잔했다」의 '촛불의 함성', 「DMZ 철조망에서」에서 다룬 분단의 문제 등 작품 세계의 풍요를 수확할 수 있게 된다.

당신을 향한 마음을 내려놓았다

더 덜어낼 것 없이 가벼워졌다고 믿었다

허나,

당신의 작은 울음에도 흔들렸다

당신이 등졌을 때 경기 난 듯 흔들렸다

견고한 무관심에 서 있던 밤 몸서리칠수록 돌았다

돌지 않고서는 미치는 줄 알았다

이제는 돌아섰다고 믿었는데

중심만 잡으면 세상 앞에 부끄러울 것 없다고 배웠는데

심장을 관통한 못 하나에 꿈쩍 못하고

사정없이 돌고 또 돌았다

다시는 돌지 않겠다고 맹세도 했다

바람 한 점 없는 밤

녹슨 못에 기대고 있는 나를 보았다

―「바람개비」 전문

   시인은 "중심만 잡으면 세상 앞에 부끄러울 것 없다"고 배웠고 그래서 자기 심장을 관통하는 '못'에 기꺼이 내어주었지만, 결국은 "녹슨 못에 기대고 있는 나를 보았다"고 푸념조의

회의를 드러낸다. 세상사 그렇지 않은 일이 어디 있겠는가. 시를 쓴다는 것도 중심에 맞춰 균형을 잡는 행위다. 하지만, 때로는 바람, 비, 구름, 안개와 같이 흔들리고 흐려지는 것 또한 절실하게 필요한 자양분이 된다.

4.

강옥매 시인은 '가깝고도 먼 세계의 말들'에 귀를 바로 세움으로써 일단의 '청음(聽音)의 시학'을 완성하고자 한다. '청음'은 사전적 정의로 '소리를 알아들음'이지만 동음이의어로 '청음(淸音); 맑고 깨끗한 소리', '청음(晴陰); 날씨의 개고 흐림', '청음(淸陰); 소나무, 대나무 등의 맑은 그늘'의 뜻도 있다. 강옥매 시인이 지향하는 '청음'은 이 모든 뜻이 얼마간 겹치면서 여러 결이 섞인 독특한 무늬를 형성해낸다.

> 하늘이 산에게, 골짜기가 강에게 보낸
> 부드럽고 차가운 언어를 모릅니다
>
> 나에게 보낸 것 같은 저 곱고 눈부신 문장을
> 한 행도 한 낱말도 읽지 못했습니다
>
> 조금 더 다가가 상처가 되었던 제 귀를 씻어야겠습니다

거품처럼 부풀어 오른 말을 이제라도 경청해야겠습니다

얼음처럼 투명한 문자들을 골라
두 눈 가득 담아와 밤새 답장을 써야겠습니다

당신에게 보낼 언어들이 천천히 녹을라치면
계곡을 떠돌던 바람도 봉투에 담아 같이 보내겠습니다

겨우내 당신이 남겼던 말이 되살아날 무렵
답장은 기역으로 니은으로 혹은 이응으로 스르르 가고 있겠지요
발밑까지 날아갈 테지요

기다리지 않을게요
다만,
이 골짜기가 파랗게 살아나면 당신에게 당도했을 거라 믿겠습니다
       ―「잔설에게 답장하다」 전문

 시인은 단순하게 자연과 교감하거나 조응(照應)하려는 것이 아니다. 앞에 인용한 「거미」에서 해먹에 몸을 뉘인 잠시를 "지금은 햇볕의 탄력이 말을 당기는 시간"이라고 여기고 자

신이 줄을 쳐놓고 '너(거미)'를 기다린다고 했다. 거미와 할 수 있는 대화는 최소한 현실의 문법에 의지하지는 않을 것이다. 거기서 좀 떨어져 있겠다는 의지가 이렇게 완곡하게 표현되고 있는 것이다.

현실에서 우리가 서로를 연결하고 또 소통하고자 쳐놓은 온갖 줄은 오히려 간섭의 핑계가 되고, 심지어는 '소문'(「말이 춤추는 주막(酒幕)에서」, 「굴뚝 연기」)이나 '가짜 뉴스(「흔들림에 대하여」)'로 '봄'을 의도적으로 훼손하려는 악의로 가득 차 있다. 시인은 「장마의 댓글」에서 '묻지 마 살인'이 자행된 끔찍한 현상을 '장마(실제 댓글을 단 닉네임인지도 모르지만)' 탓으로 돌린다. 여기에는 알베르 까뮈의 『이방인』의 '실존의 현기증'이 철저하게 배제되어 있다. 그래서 더 역겹고 비극적인지도 모른다.

불행인지 다행인지 '말'은 입과 귀를 가장 빠르고 효과적으로 연결한다. 내가 하는 말의 첫 번째 청취자는 바로 '내 귀', 즉 자신이기 때문이다. 그래서 말은 '하다/듣다'가 동전의 양면처럼 늘 공존한다. 하지만 거리를 두고 경청하고자 한다면 우리는 '육성(肉聲)'이 아니라 오히려 자연의 '울림'에 먼저 다가가야 한다. 이를 시인은 '잔설에게 답장'한다고 형상화했다. 눈이 풍성하게 내려 온 세상을 다 뒤덮을 때가 아니라 이제 일부는 녹아 흘러갔고, 또 일부는 땅에 스며들어 겨우 남은 '잔설'에서, 그때에서야 "나에게 보낸 것 같은 저 곱고 눈부신 문장을/한 행도 한 낱말도 읽지 못했"다고 부끄러움을 깨닫는다. "조금 더 다가가 상처가 되었던 제 귀를 씻어야겠습니다/거품처럼 부풀어 오른 말을 이제라도 경청해야겠습니다"라는 낮은 자세. 귀를 씻고 듣겠다는 대단한 각오의 피력이 아닐 수 없다. 게다가 시인은 이제 '답장'을 준비하는데, 그마저도 "당신에게 보낼 언어들이 천천히 녹을라치면/계곡을 떠돌던 바람도 봉투에 담아 같이 보내겠습니다"라고 한다. "계곡을 떠돌던 바람"은 애초에 내가 생성한 것이라기보다는 '잔설', 아니 '눈의 한기(寒氣)'가 빚어낸 것이므로 '당신의 말'로 당신에게 답장하겠다는 뜻이 된다.

강옥매 시인의 이런 자세가 이번 시집의 독특한 매력을 형성한다. 그것은 "어미 새의 허기를 받아먹고 있는/부화한 새끼의 목구멍같이//독수리의 두 발에 매달린 숭어의 비늘에서/반짝이는 물방울같이//뿔을 맞대고 대치 중인/두 마리 황소의 처절한 눈알같이"(「사진 전시회」) '순간' 드러난다. "찰나가 우주를 만들고 있다"(「사진 전시회」)는 시인의 진술처럼, 그 '찰나의 순간'이 지속되기를 진심으로 기대한다.

이 도서의 국립중앙도서관 출판시도서목록(CIP)은 서지정보유통지원시스템 홈페이지(http://seoji.nl.go.kr)와 국가자료공동목록시스템(http://www.nl.go.kr/kolisnet)에서 이용하실 수 있습니다.(CIP제어번호: CIP2018033573)

문학의전당 시인선 0297

무지개는 색을 어디에 놓고 사라질까

ⓒ 강옥매

초판 1쇄 인쇄 2018년 10월 24일
초판 1쇄 발행 2018년 10월 31일
    지은이 강옥매
    펴낸이 고영
  책임편집 서윤후
    디자인 헤이존
    펴낸곳 문학의전당
  출판등록 제2017-000002호
      주소 서울시 마포구 마포대로 11길 91, 3층
      전화 02-852-1977 팩스 02-852-1978
  전자우편 sbpoem@naver.com

    ISBN 979-11-5896-397-2 03810

* 이 책의 판권은 지은이와 문학의전당에 있습니다.
* 양측의 서면 동의 없는 무단 전재 및 복제를 금합니다.
* 잘못 만들어진 책은 바꿔드립니다.